문학과지성 시인선 105

태아의 잠

김기택 시집

문학과지성사에서 펴낸 김기택의 시집

바늘구멍 속의 폭풍(1994)
소(2005)
갈라진다 갈라진다(2012)
낫이라는 칼(2022)

문학과지성 시인선 105
태아의 잠

초판 1쇄 발행 1991년 4월 30일
초판 2쇄 발행 1991년 8월 30일
재판 1쇄 발행 1992년 10월 10일
재판 15쇄 발행 2022년 10월 19일

지 은 이 김기택
펴 낸 이 이광호
펴 낸 곳 ㈜문학과지성사
등록번호 제1993-000098호
주   소 04034 서울 마포구 잔다리로7길 18(서교동 377-20)
전   화 02)338-7224
팩   스 02)323-4180(편집) 02)338-7221(영업)
전자우편 moonji@moonji.com
홈페이지 www.moonji.com

ⓒ 김기택, 1992. Printed in Seoul, Korea

ISBN 89-320-0500-1 02810

이 책의 판권은 지은이와 ㈜문학과지성사에 있습니다.
양측의 서면 동의 없는 무단 전재 및 복제를 금합니다.

문학과지성 시인선 105
태아의 잠
김기택

1991

自 序

한때 내 가슴에서 떠머 살았던 순진하고 둔한 말들, 아직도 내 머리를 고정관념과 편견으로 둘러싸고 싶어하는 이 말들로부터 벗어나, 이제 다시 가난한 주머니가 되고 싶다. 배고픈 내장이 되고 싶다. 가벼운 머리가 되고 싶다.

1991년 3월

김 기 택

태아의 잠

차 례

▩ 自 序

I

쥐/11
호랑이/12
개/14
마장동 도축장에서/15
소/16
가 죽/18
모 기/20
바퀴벌레는 진화중/22
닭/24
過 積/25
원숭이 구경/26
송충이/27
거북이/28
겨울새/29

II

가 뭄/33
꼽 추/34
유리에게/36
딸꾹질/37

종유석/38
태아의 잠 1/39
태아의 잠 2/40
서른 살이 된다는 것에 대하여/42
원자폭탄 아름다운 원자폭탄/43
눈/44
목격자/45
연쇄 살인 용의자/46
연탄 가스를 적당히 마시면 1/49
연탄 가스를 적당히 마시면 2/50
8 시/52
전화를 걸다가/54
밥먹는 일/56
아버지/57
너무 웃으면 얼굴이 찌그러진다/58
엘리 엘리 라마 사박다니/60
노 인/62
울음 많은 여자/63

Ⅲ

먼지에 대하여/67
바람에 대하여/68
병에 대하여/70
노래에 대하여/72
씨앗 한 알/73
종이 한 장/74

겨울 아침에／75
겨울산／76
겨울밤／78
겨울밤 2／79
바람 견디기／80
지리산 고사목／81
가을에／82
여름밤／83
여름바다／84
여름밤 2／86
蘭／87
無名山／88
봄, 서울／90
廢家에서／91
해　초／92
풍　경／93

▰ 해설·저울대 위의 말과 삶·김　훈／94

I

쥐

구멍의 어둠 속에 정적의 숨죽임 뒤에
불안은 두근거리고 있다
사람이나 고양이의 잠을 깨울
가볍고 요란한 소리들은 깡통 속에
양동이 속에 대야 속에 항상 숨어 있다
어둠은 편안하고 안전하지만 굶주림이 있는 곳
몽둥이와 덫이 있는 대낮을 지나
번득이는 눈과 의심 많은 귀를 지나
주린 위장을 끌어당기는 냄새를 향하여
걸음은 공기를 밟듯 나아간다
꾸역꾸역 굶주림 속으로 들어오는 비누 조각
비닐 봉지 향기로운 쥐약이 붙어 있는 밥알들
거품을 물고 떨며 죽을 때까지 그칠 줄 모르는
아아 황홀하고 불안한 식욕

호랑이

길고 느린 하품과 게으른 표정 속에 숨어 있는 눈
풀잎을 스치는 바람과 발자국을 빈틈없이 잡아내는 귀
코앞을 지나가는 먹이를 보고도 호랑이는 움직이지 않는다
위장을 둘러싼 잠은 무거울수록 기분좋게 출렁거린다
정글은 잠의 수면 아래 굴절되어 푸른 꿈이 되어 있다
근육과 발톱을 부드럽게 덮고 있는 털은
줄무늬 굵은 결을 따라 들판으로 넓게 뻗어 있다
푹신한 털 위에서 뒹굴며 노는 크고 작은 먹이들
넓은 잎사귀를 흔들며 넘실거리는 밀림
그러나 멀지 않아 텅 빈 위장은 졸린 눈에서 광채를 발산시키리라
다리는 무거운 몸을 일으켜 어슬렁어슬렁 걷기 시작하리라
느린 걸음은 잔잔한 털 속에 굵은 뼈의 움직임을 가린 채
한번에 모아야 할 힘의 짧은 위치를 가늠하리라
빠른 다리와 예민한 더듬이를 뻣뻣하고 둔하게 만들
힘은 오로지 한 순간만 필요하다
앙칼진 마지막 안간힘을 순한 먹이로 만드는 일은
무거운 몸을 한 줄 가벼운 곡선으로 만드는 동작으로 족하다

굶주린 눈초리와 발빠른 먹이들의 뾰족한 귀가
바스락거리는 풀잎마다 팽팽하게 맞닿아 있는
무더운 한낮 평화롭고 조용한 정글

개

먹을것이 아니라는 걸 알아채자 즉시
개는 초점에서 내 얼굴을 지우고
내 몸 뒤 끝없이 먼 곳을
철망과 담 산과 구름과 하늘
먹을것이 아닌 모든 것들을 뚫고
아득하고 깊은 곳을 바라보았다
세상은 너무나도 고요하고 깨끗하다
고막이 제거된 개의 눈 속에서
먹은 것은 남김없이 영양분이 된
영양분은 남김없이 살이 된
살은 다시 무언가 먹을 수 있다는 희망이 된
개의 눈 속에서
生老病死를 넘어 어디에선가
먹을것을 찾아낼 수 있을 것 같은
개의 눈 속에서

마장동 도축장에서

아무도 생명과 음식을 구별하지 않는다네
뒤뚱뒤뚱거리던 걸음과 순한 표정들은
게걸스럽던 식욕과 평화스럽던 되새김들은
순서 없이 통과 리어카에 포개져 있네
쓰레기처럼 길가에 엎질러져 쌓여 있네
비명과 발버둥만 제거하면 아무리 큰 힘도
여기서는 바로 음식이 된다네
음식이 된다네 희고 가는 손들이 자르고
하루 세 번 양치질하는 이빨들이 씹을 음식이 된다네
해골이 되려고 순대와 족발이 되려고
저것들은 당당하게 자궁을 열고 나왔다네
마침내 알을 깨고 나와 생명이 되려고
통닭들은 노른자를 빨아들이며 커간다네
똥오줌 위에 흘린 정액을 밟고 들어가면
슬픈 눈동자들은 곧 음식이 되어 나온다네

소

밤중에 누가 내 꼬리를 훔쳐갔다.

날씨가 더워져 두엄과 오물이 시멘트처럼 굳어붙은 엉덩이로 질긴 파리들이 꼬여들면 뿌리만 뭉툭하게 남은 꼬리는 어쩔 줄을 모른다. 항문이 먼저 옴씰옴씰거리고 뜨거운 오줌이 나올 듯하다가 드디어 꼬리 밑둥이가 맹렬하게 꼼지락거리기 시작한다. 파리 한 마리 못 쫓는 내 엉덩이를 쳐다보는 웃음 소리. 나는 돌처럼 차갑고 딱딱한 힘을 엉덩이로 집중시켜 움직이고 싶어 안달하는 꼬리뼈를 단단하게 붙잡아 조인다. 그리고는 아무렇지 않은 척 느릿느릿 되새김을 계속한다. 이젠 창자로 넘어가도 좋을 것들을 더 곱게 새김질하고 또 새김질하여 귀를 기울이고 기다린다, 위장에서 맑은 소리가 흐를 때까지. 간지러운 내장의 감촉을 만지고 있는, 아아, 이 고요한 표정으로, 꿈벅꿈벅, 새벽의 산사에 가 앉아볼까? 막 그림에서 깨어난 새소리, 바람 소리를 나는 게슴츠레한 눈길로 바라본다. 꿈결같이…… 파리 날개에 몸을 기대고 출렁거리는 무거운 졸음. 감길 듯 누워 있는 졸음의 먼 끝에서 어떤 둔한 박자 하나가 심각하고 격렬하게 까닥까닥거리고 있는 것이 보인다. 무거운 내 눈까풀 가물가물 웃음짓다가 갑자기 놀라 깨어난다. 그리고 쏘아본다, 분연히, 꿈버억꿈벅, 거친 숨을 몰아쉬며 꼬리 없는 엉덩이의 움직임을.

무엇인가 이것은,
코뚜레에 너무 오래 붙들려 무력해진 지금
아픈 코의 대척점에서 일어나는 이 느닷없는 힘은
웃음거리가 되어도 어쩔 수 없다
들입다 흔들어대는 수밖에.

가 죽

살이란 본래 먹이가 아니던가
두려움이 많다는 것은 당연한 일이야
나는 한 덩어리의 작은 살을 알고 있지
그 살을 덮고 있던 두껍고 튼튼한 껍질은
처음엔 연한 살에 돋은 두려움이었다네
차가운 이빨이 닿기도 전에 부풀어오른
붉고 말랑말랑한 종기였다네 우둘투둘 퍼져
땅바닥 비비도록 가려움을 만들고
그 격렬한 마찰 속에서 뜨거운 숨 뿜어내며
종기들은 더욱 붉어져 곪아터졌다네
터진 자리가 굳어져서 딱딱한 껍질이 되고
조금씩 튼튼해진 껍질을 뚫고
새로운 두려움이 다시 도지곤 했다네
두꺼운 껍질 속 물컹물컹한 살은
여전히 작은 숨 콩콩 쉬며 따뜻하게 숨어 있어
끊임없이 새로운 두려움을 튼튼하게 만들었다네
지금은 구두가 되고 잠바가 되고 허리띠가 되어
스타킹처럼 얇고 투명한 가죽들을 덮어주고 있지만
나는 알고 있다네 저 가죽 안에 살던
김이 모락모락 나는 빨간 생명들을
추위와 이빨과 발톱을 견뎌내면서도

가쁜 숨과 더운 땀은 자유로이 통과시켜주던 가죽
안에서 착하게 떨던 여리고 약한 주인들을

모 기

1

안양천은 오늘도 거품으로 가득하다
악어 가죽 같은 검푸른 물 속에 낮게 숨어
튼튼한 가죽을 밀어올리며 수많은 방울을 만들고 있다
가죽은 한껏 팽팽하게 부풀어오르며
느리게 헤엄쳐다닌다 방울들은 비대하고 안전하다
가죽을 벗기면 나올 그 뻘겋고 뜨거운 것들 위에서
하수구마다 연결된 그것들의 엄청난 식욕 속에서

2

모기 한 마리, 거품에서 떨어져나온
작은 방울 위로 사뿐히 날아와 앉는다
모기의 무게만큼 방울이 찌그러진다
바람에 모기가 흔들린다 방울도 흔들린다
고무공처럼 모기 다리가 흔들리다 멈춘다
모기는 명상중 소리보다 가벼운 바람 속에 명상중
미끈미끈하고 탄력 있는 무지개색 방울 위에 앉아서

모기, 아직도 움직이지 않는 모기
눈과 귀, 머리와 더듬이, 그 둔한 감각은 모두 닫고
가는 다리의 정교한 균형만으로 깊은 명상에 빠져

튼튼한 가죽이 여리디여린 방울이 될 때까지
모기, 아직도 움직이지 않는 모기

바퀴벌레는 진화중

 믿을 수 없다, 저것들도 먼지와 수분으로 된 사람 같은 생물이란 것을. 그렇지 않고서야 어찌 시멘트와 살충제 속에서만 살면서도 저렇게 비대해질 수 있단 말인가. 살덩이를 녹이는 살충제를 어떻게 가는 혈관으로 흘려보내며 딱딱하고 거친 시멘트를 똥으로 바꿀 수 있단 말인가. 입을 벌릴 수밖엔 없다, 쇳덩이의 근육에서나 보이는 저 고감도의 민첩성과 기동력 앞에서는.

 사람들이 최초로 시멘트를 만들어 집을 짓고 살기 전, 많은 벌레들을 씨까지 일시에 죽이는 독약을 만들어 뿌리기 전, 저것들은 어디에 살고 있었을까. 흙과 나무, 내와 강, 그 어디에 숨어서 흙이 시멘트가 되고 다시 집이 되기를, 물이 살충제가 되고 다시 먹이가 되기를 기다리고 있었을까. 빙하기, 그 세월의 두꺼운 얼음 속 어디에 수만 년 썩지 않을 금속의 씨를 감추어가지고 있었을까.

 로보트처럼, 정말로 철판을 온몸에 두른 벌레들이 나올지 몰라. 금속과 금속 사이를 뚫고 들어가 살면서 철판을 왕성하게 소화시키고 수억 톤의 중금속 폐기물을 배설하면서 불쑥불쑥 자라는 잘 진화된 신형 바퀴벌레가 나올지 몰라. 보이지 않는 빙하기, 그 두껍고 차가운 강철의 살결 속에 씨를 감추어둔 채 때가 이르기를 기다리고 있을지 몰라. 아직은 암회색 스모그가 그래도 맑고 희고, 폐수가 너무 깨끗한 까닭에 숨을 쉴 수가 없어 움직이지 못하고 눈만 뜬 채 잠들어 있는지 몰라.

닭

힘이 세다는 것은 얼마나 슬픈 동작인가.
목 잘리지 않으려고 털 뽑히지 않으려고
닭발들은 온 힘으로 버틴다 닭집 주인의 손을 할퀴며
닭장 더러운 나뭇바닥을 하얗게 긁으며.
바위처럼 움직임이 없는 고요한 손아귀 끝에서
그러나 허공은 닭발보다도 힘이 세다.

모든 움직임이 극도로 절제된 손으로
닭집 주인은 탱탱하고 완강한 목숨을 누른다.
짧은 시간 속에 들어 있는 길고 느린 동작.
힘의 극치에서 힘껏 공기를 붙잡고 푸르르 떠는 다리.
팔뚝의 푸른 핏줄을 흔들며 퍼져나가는 은은한 울림.

흰 깃털들이 뽑혀져나간 붉은 피가 쏟아져나간
닭의 체온은 놀랍게도 따뜻하다.
아직도 삶을 움켜쥐고 있는 닭발 안에서
뻣뻣하게 굳어져 있는 공기 한줌.
떨어져나가는 목숨을 붙잡으려 근육으로 모였던 힘은
여전히 힘줄을 잡아당긴 채 정지해 있다.
힘이 세다는 것은 얼마나 슬픈 동작인가.

過 積

 내가 타고 있는 것이 어떤 동물인지 나는 모른다. 내 체중이 누르는 엉치뼈의 관절은 아슬아슬하게 이음쇠를 지탱하며 규칙적으로 움직이고 있다. 그 움직임이 가끔 심장의 박동 소리와 엇갈릴 때마다 고열을 삼키는 숨소리가 내 꼬리뼈를 통해 척추로 올라와 다른 박자로 숨쉬고 있는 심장 속으로 들어온다. 당황한 내 숨소리가 빨라진다. 내 엉덩이 아래에서 겨우 체중을 버텨내고 있던 숨통이 서둘러 숨을 들이쉬다가, 순간, 입구가 눌려 막힌다. 풍선처럼 경쾌하게 늘어나는 허파. 갈비뼈 마디마다 새어나오는 흰 건반 같은 울음. 팽이처럼 급히 균형을 잡는 큰 몸집과 가는 다리. 속도와 힘이 숨죽여 정지한 순간은 아름답다. 오랜 숨막힘, 핏줄은 붉은 살가죽을 잡아당기고 고음이 마지막 건반을 넘어가는 그 끝에서 가늘고 빠른 휘파람 소리 하나가 완강한 무게를 끌어올린다. 이어 휘어진 가는 다리가 펴지고 어긋났던 관절이 삐걱거리며 제자리를 찾는다. 계속되는 움직임. 내 꼬리뼈를 타고 불안한 박자로 올라오는 뜨거운 심장의 운동. 아랫도리가 오줌을 쌀 듯 간지럽다.

원숭이 구경

원숭이 피는 원숭이 핏줄에서 돈다
콧구멍 뚫린 큰 주둥이를 갸웃거리게 하고
긴 팔을 늘어뜨리게 하고 열매처럼 대롱대롱
나무에 매달려 흔들리다가 느닷없이 이 가지로
저 가지로 공이 튀듯 옮겨다니게 한다
웃는 아이의 눈 속에서 원숭이는 즐겁다
똥구멍을 빨갛게 만드는 원숭이 신기한 피가
아이의 빨간 심장에서 따뜻하다 긴 팔을 뻗어
아이는 높은 나뭇가지에 매달리고 싶다
이 나무 저 나무로 껑충껑충 날고 싶다
한 가지 표정만 가지고 온종일 웃고 싶다
외줄 위에 편안하게 앉아서 졸고 싶다
따뜻한 털도 만들 줄 모르고 꼬리도 세울 줄 모르는
사람의 피가 도는 아이의 하얀 얼굴
웃을 때마다 원숭이 피가 돌 것처럼
침 흘리며 벌어지는 입 들썩거리는 엉덩이

송충이

아삭아삭 빛이 부서지는 소리
송충이가 솔잎을 갉아먹는다
나뭇가지인 줄 알고 송진이
송충이 혈관을 지나간다
부서진 빛이 송충이 내장 속에서
퍼진다 꿈틀거리며 간다

솔잎인 줄 알고 송충이 털 속으로
수액이 송충이 털 속으로 들어간다
선인장 가시처럼 뿌리내린
푸른 빛 속에 뿌리내린 송충이 털
내장인 줄도 모르고 섬유질 속으로
꽃인 줄 알고 털 끝으로 희고 가는 선 끝으로

거북이

거북이 뭉툭한 발 속으로 시간이 들어가네
초침 소리 내지 않고 느릿느릿 기어가네
거북이 발 멈추고 먼 바다 바라보면
시간은 잠시 돌 속으로 들어갔다가
생각나면 돌에서 발을 빼고 다시 걷는다네
시간은 부지런히 파도를 몰고 와
거북이 무딘 귀를 때리고 또 때리지만
이내 거품이 된다네 출렁출렁 물이 된다네
거북이 걸어가네 끝없이 걸어가네
걷는 것도 잊은 채 온종일 쉬엄쉬엄

겨울새

새 한 마리 똑바로 서서 잠들어 있다
겨울 바람 찬 허리를 찌르며 지나가는 고압선 위
잠속에서도 깨어 있는 다리의 균형
차고 뻣뻣하게 굳어지기 전까지는
저 다리는 결코 눕는 법이 없지
종일 날갯짓에 밀려가던 푸른 공기는
퍼져나가 추위에 한껏 날을 세운 뒤
밤바람이 되어 고압선을 흔든다
새의 잠은 편안하게 흔들린다
나뭇가지 속에 잔잔하게 흐르던 수액의 떨림이
고압선을 잡은 다리를 타고 올라온다
불꽃이 끓는 고압은 날개와 날개 사이
균형을 이룬 중심에서 고요하고 맑은 잠이 된다
바람이 마음껏 드나드는 잠속에서 내려다보면
어둠과 바람은 울부짖는 흰 미리 커다란 짐승일 뿐
그 위에서 하늘은 따뜻하고 환하고 넉넉하다
힘센 바람은 밤새도록 새를 흔들어대지만
푸른 공기는 어둠을 밀며 점점 커가고 있다
날개를 펴듯 끝없이 넓어지고 있다.

II

가 뭄

울음은 뜨거워지기만 할 뿐
눈물이 되어 나올 줄을 모른다
힘차게 목젖을 밀어올리지만
아직도 가슴속에서만 타고 있다
매운 혀 붉은 입을 감추고
더 뜨거워질 때까지 더 뜨거워질 때까지

꼽 추

지하도
그 낮게 구부러진 어둠에 눌려
그 노인은 언제나 보이지 않았다.
출근길
매일 그 자리 그 사람이지만
만나는 건 늘
빈 손바닥 하나, 동전 몇 개뿐이었다.
가끔 등뼈 아래 숨어 사는 작은 얼굴 하나
시멘트를 응고시키는 힘이 누르고 있는 흰 얼굴 하나
그것마저도 아예 안 보이는 날이 더 많았다.

하루는 무덥고 시끄러운 정오의 길바닥에서
그 노인이 조용히 잠든 것을 보았다.
등에 커다란 알을 하나 품고
그 알 속으로 들어가
태아처럼 웅크리고 자고 있었다.
곧 껍질을 깨고 무엇이 나올 것 같아
철근 같은 등뼈가 부서지도록 기지개를 하면서
그것이 곧 일어날 것 같아
그 알이 유난히 크고 위태로워 보였다.
거대한 도시의 소음보다 더 우렁찬

숨소리 나직하게 들려오고
웅크려 알을 품고 있는 어둠 위로
종일 빛이 내리고 있었다.

다음날부터 노인은 보이지 않았다.

유리에게

네가 약하다는 것이 마음에 걸린다
작은 충격에도 쉬이 깨질 것 같아 불안하다
쨍그랑 큰 울음 한번 울고 나면
박살난 네 몸 하나하나는
끝이 날카로운 무기로 변한다
큰 충격에도 끄떡하지 않을 네가 바위라면
유리가 되기 전까지 수만 년
깊은 땅속에서 잠자던 거대한 바위라면
내 마음 얼마나 든든하겠느냐
깨진다 한들 변함없이 바위요
바스러진다 해도 여전히 모래인 것을
그 모래 오랜 세월 썩고 또 썩으면
지층 한 무늬를 그리며 튼튼하고 아름다운
다시 바위가 되는 것을
누가 침을 뱉건 말건 심심하다고 차건 말건
아무렇게나 뒹굴어다닐 돌이라도 되었으면
내 마음 얼마나 편하겠느냐
너는 투명하지만 반들반들 빛이 나지만
그건 날카로운 끝을 가리는 보호색일 뿐
언제고 깨질 것 같은 너를 보면
약하다는 것이 강하다는 것보다 더 두렵다

딸꾹질

아기는 신기하기만 하다
목구멍에서 솟아나오는
이상한 새소리
발구르며 날갯짓하며 소리쳐 웃는다
깔깔깔깔 딸꾹, 깔깔깔깔 딸꾹,
경쾌하게 튕겨져나오는
딸꾹질, 그 희한한 구슬

아기는 무섭기만 하다
한참을 지나도 그치지 않는다
갑자기 웃음이 그치고 조용해지자
느닷없이 팽팽해지는 식도 속의 진공 상태
뻥, 목구멍이 터질 때마다
놀라 동그래지는 두 알의 큰 눈
소리쳐도 없어지지 않는다
급기야 터져나오는 울음
아랑곳없이 규칙적으로
울음을 토, 딸꾹, 막토막 잘, 딸꾹, 라내는 소리

종유석

동굴 따라 꾸불꾸불 길게 누운 어둠 속에서
이 딱딱한 바위들도 한때는 흘러다녔구나.
어둠 구석구석을 꼬리치레도롱뇽처럼 기어다녔구나.
얼마나 아름다웠을까, 고드름으로 수세미로 버섯으로
꽃으로 아이스크림으로 마음껏 녹았었던 움직임들은.
한번도 머릿속에 들어가보지 못한 생각처럼
바위는 돌을 벗어나 유연하고도 자유로웠겠구나.
이제는 돌이킬 수 없는 형체가 되어
생각 속에 박힌 편견들처럼 튼튼해지고 말았구나
이제 저 부드러운 아이스크림은 깨어질지언정
다시는 움직여 꽃이 되지 못하리라.
물방울 떨어질 때마다 동그란 소리를 내며
퍼져나가던 깊은 물은 그 물줄기들은
돌 속으로 들어가 돌과 섞이고 돌을 움직이더니
그 모습 그대로 영원히 돌이 되었구나.

태아의 잠 1

  그녀의 배 위에 귀를 대고 누우면 맑은 물 흐르는 소리가 난다 작은 숨소리 사이로 흐르는 고요한 움직임이 들린다 따뜻한 실핏줄마다 그것들은 찰랑거린다 때로 갈비뼈 안에서 멈추고 오랫동안 둔중한 울림이 되어 맴돌다가 다시 실핏줄 속으로 떨며 스며든다 이 소리들이 흘러가는 곳 어딘가에 새근새근 숨쉬며 자라는 한 아이가 숨어 있을 것 같다 생각 없는 꿈이 되려고 놀란 눈이 되고 간지러운 손가락 발가락 꿈틀거림이 되려고 소리들은 여기 한 곳으로 모이나보다 이 모든 소리들이 녹아 코가 되고 얼굴이 되려면 심장이 되고 가슴이 되려면 잠은 얼마나 깊어야 하는 것일까 잠의 힘찬 부력에 못 이겨 아기는 더 이상 숨지 못하고 탯줄이 끊어지도록 떠올라 물결따라 마냥 흔들리고 있다 고기를 잡을 줄 모르는 잎사귀 같은 손으로 부신 눈을 비비고 있다

태아의 잠 2

 잠속은 아늑하다 그러나 너무 오래 자면 답답해지게 마련이다 깨어 밖으로 나가고 싶어지는 것이다 깨고 싶어 나는 마구 뒤척였다 움직임 때문에 메스꺼워진 것일까 나를 에워싸고 있던 잠이 갑자기 딱딱해지더니 무너질 듯 흔들렸다 잠 밖 어디선가 구역질하는 소리가 들렸고 어떤 강력한 힘에 이끌려 몸이 밖으로 빨려나갈 것 같았다 곧이어 손을 끌어당기는 난폭한 힘의 끝에서 격렬한 기침 소리가 들려왔다 조심성 없이 휘두른 내 손이 숨구멍 어디쯤인가를 막았었던 모양이다 내 불안하고 불규칙한 호흡 때문에 잠속은 차츰 이상한 냄새가 차오르기 시작했고 잠시 후에는 팽팽하게 부풀어 있음을 느낄 수 있었다

 나는 이제 조용히 웅크리고 누워 있다 문득 잠속이 고요해졌으므로 오랫동안 그 불안한 상태로 꼼짝도 않고 있었던 것인데 얼마 후에 그것이 몸이 굳어져가는 것임을 알게 되었다 한참을 지나서야 그것이 굳어짐이 아니라 흉측한 뒤틀림이란 걸 알게 되었고 좀더 지나자 문둥병 같은 뭉그러짐이라는 걸 알 수 있었다 꼬여 있는 줄 알았던 탯줄이 제일 먼저 끊어졌고 다음엔 반쯤 자라다 만 손가락이 지워졌다 머리보다 작은 몸뚱이에서 가늘게 돋아 오그라든 팔과 다리가 뒤이어 아주 천천히 냄새나는 양수로 변했다 지금은 모든 것이

하얗다 아무것도 생각해본 일이 없는 투명한 뇌가 녹고 있는 중이기 때문이다 아마도 더 깊은 잠에 빠져 이 잠에서 깨어나려나보다

서른 살이 된다는 것에 대하여

가슴 대신에 머리에서 끓는 소리가 들리게 될 것이다
냄비의 얇은 금속성들은 낮은 소리로 악을 쓸 것이다
그대 지식의 갖가지 자양분을 지니고 있는 흰 골은
이제 계란처럼 딱딱하게 익을 것이다
생각들은 삶은 머리에서 나오게 될 것이다
깨어지면 물이 된다는 것은 얼마나 두려운 일인가
애써 배운 것들은 얼룩을 남기며 바닥에 스머들 것이고
비린 점액질을 닦아내기 위해 손을 씻어야 하지 않겠는가
안심하라 깨져도 여전히 둥글둥글하고 튼튼한 생각 속에서
희면 희다 노라면 노랗다 확실하게 구분된 말들이
까기 좋고 먹기 좋고 잘생긴 말들이 나오게 될 것이다
영양가까지 계산하여 잘 삶은 목청 속에서
말들은 강한 억양을 타고 근엄한 틀을 갖추어 나올 것이고
짭짤하고 구수한 양념들이 그 위에 뿌려질 것이며
더 이상 떫은 비린내는 나지 않게 될 것이다
누구나 돈을 내고 사고 싶어지도록 탐스러워질 것이다
그대 머리는 냄비처럼 점점 튼튼해질 것이고
그대 목소리도 비례하여 점점 요란해질 것이다
시끄러워서 그대는 아무 냄새도 맡지 못하게 될 것이다

원자폭탄 아름다운 원자폭탄

전속력으로 앞만 보며 질주한다
뒤에서 쫓아오는 열과 폭풍
불타는 나무를 뚫고 부서지는 집을 뚫고
투명해진 내 살도 이윽고 뚫고
뼈만 쫓아오는 방사선
길거리에 내 뼈가 노출된다
노출된 내 뼈가 더 급하게 더 악착같이
달린다 달리다가 달리다가 뜬다 날아간다
날아가는 내 해골이 찬란한 섬광을 받으며
웃는다 이를 모두 드러내고 히히히 착하게
웃는다 이빨처럼 아가리에 단단하게 고정되어 있어 결코 그칠 수 없는 웃음을
웃는다 웃다가 녹는다
희디흰 빛이 된다

눈

심장까지 뿌리를 뻗어
피를 빨아들이는 눈
눈알을 파고들어가는 붉은 뿌리로
눈을 움켜쥐는 피
붉은 눈에 반사되는 하얀 얼굴
끓어 증발되는 차가운 눈물
초점 주위에서 이글거리며 녹는 인파

목격자

 잠시 후 일그러질 얼굴은 지금 오징어를 씹으며 웃고 있다. 곧 뜨거운 한숨을 만들어낼 입은 웃음 때문에 씹던 오징어와 이빨을 계속 움직이지 못하고 한껏 벌린 채로 멈추어 있다. 몇 초 후면 초점을 잃게 될, 그러나 지금은 티브이 화면에 붙어 떨어질 줄 모르는 눈앞에 나는 느닷없이 나타나야만 한다. 백치처럼 깨끗하고 고요한 저 시간에다 잔인한 입을 들이밀어야 한다. 네? 누가요? 뺑, 소, 니, 차, 에, 치, 어, 어떻게 뭐가 됐다구요? 당, 신, 의, 아, 들, 이, 대체 무슨 얘기죠? 죽, 었…… 소화된 음식물에서 왕성하게 피를 빨아들이고 있을 심장은 사정없이 오그라들고 달구어지리라. 저 손, 매니큐어가 갑자기 정액보다 슬퍼 보이는, 아직은 오징어 다리를 든 채 입을 가리고 있는 저 손은 모든 감각을 잃고 떨며 무엇이든 있는 힘을 다해 붙들게 되리라. 당신의 자궁에서 꺼낸 것이 얼굴이 아니라 해골이었다는 것을, 다섯 살이 아니라 용수철 장난감 같은 갈비뼈였다는 것을 알게 될 시간은, 내가 자리를 피하든 아니면 거짓말이었다고 장난처럼 말하든, 기어코 오고 말리라. 웃음으로 벌어져 있던 입이 씹던 것을 마저 씹고 나면 마침내.

연쇄 살인 용의자

 잠들기 전엔 늘 고꾸라지거나 기절하곤 하였다. 허겁지겁 달디단 꿈을 꾸곤 하였다. 오랫동안 빨다가 깨어나면 말할 수 없이 상쾌하였다. 깨고 난 꿈에서는 간혹 피와 칼의 비린내가 풍겨왔지만 개의치 않았다. 큰 날개가 헤쳐온 바람은 얼마나 뻐근하고 묵직하게 겨드랑이에 붙어 있었던가. 발톱으로 움켜쥔 뱀의 꿈틀거림은 얼마나 짜릿하게 뼈마디를 울리며 남아 있었던가. 흰 껍질을 깨고 노란 부리를 내밀면 세상 공기야 더럽건 말건 바람은 얼마나 가볍고 부드러웠던가.

 아무것도 할 말이 없었다. 수갑이 채워진 손을 단정하게 무릎 위에 올려놓고 욕과 고함 소리와 타자 소리를 들으며 딱딱한 의자에 앉아 있을 때 할 말이 없었으므로 나는 다만 웃어주었다. 웃다보면 백열등이 차츰 흐려져 뿌옇게 지워졌지만 따귀를 세차게 맞고 나면 그 흰 등은 욕설과 고함 소리를 비추며 다시 말개져 있었다. 잠속에 힘차게 딸려 들어가고 싶었지만, 끊임없이 다그쳤으므로, 눈에 힘을 주며 희미하게나마 계속 웃어주었다.

 가냘픈 음악 소리가 나는 생명을 기타줄 끊듯 킬킬거리며 톡톡 끊었다는 것이다. 오줌이 마려우면 아무 육체 속에나 정액을 쏟아놓고 웃으며 겁에 질린 얼굴을 딱딱 눌러 터뜨렸다는 것이다. 그래도 뉘우치는 기색 없이 계속 웃을 정도로 차갑고 잔인한 사람은, 더 이상 인간이기를 포기한 이런 악랄한 족속은, 다수의 선량한 시민의 행복을 위하여 이 사회로부터 영원히 격리시켜야만 한다는 것이다. 웃은 건 사실이지만, 그때마다 나는 자고 있지 않았던가.

크고 격렬한 목소리와 낮고 차분한 목소리 사이의 집요하고 지루한 언쟁도 있었다. 한 어린 아이의 웃음 속에서 자라고 있는 증오심에 대하여. 웃음이 잠이 되고, 그 잠이 자라 어른이 되고, 드디어 살인이 되기까지의 긴 과정에 대하여. 매가 극도로 무서워지면 울음이 마비되는, 울음 대신 간드러진 웃음이 끊이지 않고 나오는 증상에 대하여. 그 병이 어떻게 환자를 해쳤으며, 환자의 몸을 빌어 다른 사람들까지 해치게 되었는가에 대하여. 환자를 치료하지 않고 무조건 형벌만 가하려고 하는 무지함과 무리함과 무모함에 대하여. 그리고 살인을 방지하는 약과 주사를 발명했다고 껍적대는 돌팔이의사의 터무니없는 발상에 대하여.

꿈이 통 꾸어지지 않는다. 아직도 감시는 계속되고 있고 손발은 묶여 있다. 잠을 자면 그 밧줄은 내 날개를 묶는다. 꿈을 동그랗게 덮고 있는 얇고 흰 껍질은 예전처럼 깨어지면서 빛을 만들지 못한다. 부패된 꿈 냄새가 나는 잠에서 깨고 나면, 흰 껍질은 사방에서 하얗고 튼튼한 벽이 되어 있다. 점점 더 많은 바람이 필요한 나의 웃음. 큰 숨을 쉬어 웃음을 넘길 때마다 목구멍에, 자꾸, 걸리는 무겁고, 딱딱한, 바람.

연탄 가스를 적당히 마시면 1

연탄 가스를 적당히 마시면
깨어 있어도 움직일 수 없다고 한다
눈을 뜰 수 없다고 한다 목젖은 뜨거운데
소리를 지를 수 없다고 한다
어딘가 넓고 깊은 공간을
마구 헤쳐나가는 것 같은데 손가락 하나
까딱할 수 없다고 한다 그래도 모든 감각은
부산한 아침의 인기척을 다 느낀다고 한다
문밖에서 아이들이 떠드는 소리와
수돗가에서 아낙네들이 두런거리는 소리와
물 푸는 소리 그릇 부딪치는 소리
바삐 출근하는 발자국 소리 사이로
죽음이 오는 것이 보인다고 한다 그러면
가슴이 답답하여 허우적거리고 싶어도
조금도 자세를 흐드러뜨리지 말고
단정하게 누워 있어야 한다고 한다
고르고 평온한 숨을 쉬어야 한다고 한다
그러다가 창문으로 들어오는 햇살과
시계의 조급한 초침 소리를 의식하게 되면
죽음보다 출근이 더 걱정된다고 한다

연탄 가스를 적당히 마시면 2

 내 잠속에 손 하나가 들어와 휘이 휘이 휘젓고 있다. 내 몸을 더듬다가 슬며시 겨드랑이에 손을 넣어 간지럼을 태우고 있다. 내 몸은 착하고 얌전하므로 그 손을 뿌리치거나 피하려고 하지 않는다. 그 손은 지금 내 바지 단추를 끄르고 있다.

 잠의 한쪽이 조금 찢기고 내 어둠을 깨우며 빛이 들어온다. 아이들이 떠들고 때리고 우는 소리, 전화벨 소리, 아주머니들이 수군거리는 소리가 뒤이어 들어온다. 아이들이 내 잠의 벽에 "조아저씨지배는빨개버슨여자그림책이따" "딱지맹글개책조요"라고 낙서하고 있다. 어떤 아이가 책을 안 주면 연탄재를 던지자고 소리친다. 이어 더욱 극성스러워지는 아이들의 고함 소리. 어서 일어나 저놈들을 쫓아내야 한다. 전화벨 소리가 더 크게 더 악착같이 울린다. 어서 일어나 나는 죽었으니 출근할 수 없다고 말해주어야 한다. 내 바지 단추를 끄르던 손은 이미 바지를 벗기고 있다. 동네 아주머니들 몇몇이 문앞에 모여 총각이 무엇을 하고 있길래 여태껏 안 일어나는지 들어가보자며 킬킬거린다. 일어나야 한다. 일어나야 한다. 어서 일어나 바지를 추켜야 한다.

 내 잠을 찢고 들어와 내 옷을 다 벗긴 손 하나가 강아지처럼 잘 길들여진 나를 자꾸 쓰다듬어주고 있다. 나는 죽어가고 있는 것이 마냥 좋아 드디어 꼬리를 흔들기 시작했다.

8 시

　7시는 8시를 위하여 언제나 불안하다. 7시가 되기 전까지 6시는 수백 번이나 아직은 7시가 아니라고 외친다. 7시는 6시 59분 59초까지 이불 속에 누워 편안한 척하는 나의 잠을 당당하게 짓밟으며 나타난다.

　7시는 나를 거칠게 일으켜세워 예리한 분침과 초침으로 내 몸을 알맞게 등분한다. 먼저 익숙하게 엉덩이를 베어내어 변소에 던져버린다. 다음은 얼굴을 잘라 거울과 면도기와 함께 세숫대야에 처박아놓는다. 여기저기 널브러진 팔다리들은 허겁지겁 이불을 개고 옷을 입고 넥타이를 매고 구두를 신는다.

　8시가 오는 것이 두려우면서도 나는 8시를 향해 달려간다. 어제 지나갔던 발자국을 정확하게 밟으면서, 표정 없는 사람들이 초침처럼 조급하게 지나가는 7시와 8시 사이를 지나.

　아무런 생각도 없이 수많은 사람들이 7시의 거리에 쏟아져나온다. 그 많은 사람들이 들어가기에는 8시의 입구가 너무도 좁다. 7시의 곳곳에 흩어져 있던 사람들이 일시에 8시의 좁은 입구로 몰려든다. 나도 그들과 함께 초침이 가리키는 눈금과 눈금 사이 좁은 틈을 비집고 들어간다.

  너무도 좁고 답답한 눈금에 가려서, 그 눈금 사이에 낀 사람들의 욕설과 아우성에 가려서 8시의 시계에는 언제나 9시가 보이지 않는다.

전화를 걸다가

전화를 걸다가 번호를 잘못 돌려
한 아기의 울음 소리와 만났다.
아빠 아빠아,
엄마가 업써져써어어.
수화기는 아기의 커다란 입이 되어
성능 좋은 울음을 내 귀에 쏟아넣었다.
울지 마, 아가야.
엄마는 없어지지 않았어.
수화기 구멍으로 밀려나오는 울음 소리에 막혀
내 말은 무력하게 되돌아오고 말았다.
걱정 마, 아가야.
엄마는 오고 있다. 쉿! 울음 그치고 들어봐.
들리지? 엄마 오는 소리 들리지?
좀더 크게 말해보았으나
그 말은 끝내 수화기 속으로 들어가지 못하고
수화기 주위에서 서성거리다 흩어졌다.
내 두 손을 밀어내는 격렬한 저항을 느끼면서
나는 힘, 껏, 수화기를 내려놓았다,
아기의 목을 향해.
그래도 한참 동안 수화기를 흔든 뒤에야
울음은 목이 졸리듯 힘들게 그쳤다.

바로 다시 번호를 돌리려던 내 손은
급히 동작을 멈추었다. 순간,
전화벨이 울렸기 때문이다
아기의 울음 소리로.

밥먹는 일

 어른이라는 이름으로, 위암이라는 어른다운 병으로, 그 아이는 어른 같은 죽음을 죽었다. 막 기억을 더듬고 있을 때 마침 그 아이는 안경과 넥타이와 회초리만 남은 이름, 선생님이 되어 있었다. 기억된 아이들이 낡고 큰 옷을 걸치고, 누른 코를 흘리며, 부스럼이 난 대가리를 긁으며 기억된 교실에 앉아 있었다. 그 아이가 물었다. 이 세상에서 가장 힘든 일은 무엇일까, 아는 사람? 많은 배고픈 눈알들이 데룩데룩 거렸으나 단 하나의 입도 대답하지 못했다. 물론 이 세상에 힘들지 않은 일은 없지만 그 중에서도 가장 힘든 일은 '밥먹는 일'이란다. 몇 아이가 고개를 갸우뚱거렸다. 한 아이가 조심스럽게 침묵을 건드리며 웃었다. 그 옆에 있던 아이가 웃어도 되는 것인 줄 알자 같이 웃었다. 그 옆에 있던 아이가 웃어도 안 때린다는 것을 알자 같이 웃었다. 그 뒤에서 몰래 장난질하던 두 아이가 웃어야 되는 것인 줄 알고 혼나기 전에 얼른 웃었다. 그 아이의 죽은 기억을 무너뜨리며 모두가 웃었다.

아버지

아이들은 투명하고 맑았다 깨지지 않도록
손을 잡고 큰 발 잔걸음으로 조심조심 걸었으나
찬바람이 조금만 불어도 아이들은 금이 갔고
거기서 자주 울음이 새어나왔다
소를 쓰러뜨려 뻘건 고기를 만들던 큰 손으로
그는 아이들 눈물을 닦아주었다
뻣뻣한 털에 긁혀도 상처나는 흰 얼굴에서
조금씩 슬픈 표정들이 지워졌다 그의 목구멍으로
잠시 소울음 같은 바람이 지나갔으나
그는 표정 없이 웃었다 다만 머리카락과 콧구멍을
잡아당길 수 있도록 아이들에게 머리를 숙였고
짜증내고 투정하는 소리가 들어오도록 귀를 열었다
때로 깨끗하고 낭랑한 웃음 소리가 햇빛에 부서져
멀리 퍼져나가기도 했으나 곧 날씨가 흐려졌고
아이들은 잔물결이 되어 그의 가슴에 차올랐다
찰랑거리는 물결이 갑자기 파도처럼 소리내며
일어나지 않도록 그는 조심스럽게 숨을 쉬었다
물에 떠 있는 것처럼 기우뚱거리는 그의 걸음에
아이들은 찰싹찰싹 부딪혀왔다 떨어지곤 하였다
아이들 손을 잡을 때마다 딱딱해지고 무거워지는
아버지 자꾸자꾸 커져서 벽이 되고 지붕이 되는
아버지

너무 웃으면 얼굴이 찌그러진다

 너무 웃으면 얼굴이 찌그러진다. 얼굴이 찌그러지면 눈물이 나온다. 즐거울수록 더 많은 눈물이 짜져나온다. 이내 즐거움은 싫증이 되고 잠시 후 참을 수 없는 지겨움이 된다. 정신병자들이 하듯 별안간 웃음을 멈추고 평화롭고 멍청한 명상에 잠기고 싶어진다. 그러나 이런 것들이 노출되는 것은 얼마나 두려운 일인가. 이럴 때일수록 더 크고 호탕한 웃음이 필요하다. 웃음을 만들어낸 최초의 즐거움이 계속 유효하다는 것을 보여주기 위하여 얼굴은 더 많이 찌그러져야 한다. 눈물은 더 많이 흘려야 한다.

 하나의 웃음이 끝날 때쯤 보다 노골적이고 음탕한 즐거움이 나온다. 안면 근육의 긴장을 펼 사이도 없이, 눈물을 훔쳐낼 여유도 없이, 한 무더기의 웃음이 쏟아져나온다. 너무 즐겁게 웃다가 늑막이 막힌 어떤 사람이 웃음의 정점에서 얼굴 중앙에 커다란 아가리를 벌려놓고 한참 동안 정지한 채 조용히 숨죽이고 있다. 얼굴은 창백해졌다가 붉은색으로 다시 검붉은색으로 섬세하게 옮겨간다. 겨우 열리기 시작한 늑막 사이로 이윽고 바람 없는 숨소리가 힘들여 빠져나오고 늑막이 느릿느릿 제 위치로 돌아올 때까지 토악질 같은 기침 소리는 침을 튀기며 계속된다.

잠시 쉬면서 나는 천천히 웃음들을 바라본다. 깡충깡충 뛰며 서로 부딪치며 뒹굴고 있는 웃음들을. 쉬는 사이에도 내 입은 웃는다는 것을 보여주기 위하여 스무 개의 이빨을 동시에 드러내고 한껏 벌어져 있다. 입술을 너무 벌린 까닭에 내 광대뼈는 해골처럼 찌그러져 있다. 호탕하게 굳어 있는 내 표정 앞에서 초조하고 두려운 시선으로 주위를 두리번거리다가 누가 볼까봐 재빨리 웃어버리는 웃음들. 한참 소리내어 웃다가 갑자기 그치고 싶어지는 웃음들. 아무도 안 보는 곳에 가서 화를 내고 욕을 하고 싶어하는 웃음들. 내 진짜 웃음이 헤벌어진 입에서 흘러나오려고 한다.

엘리 엘리 라마 사박다니

발바닥의 피가 손바닥으로 흘러나와
발등을 적시며 떨어지는 동안
두개골 말라붙은 핏자국 위로 다시 피가 흘러
옆구리 상처를 덮는 동안
예수는 고요한 눈으로 신음과 움직임을 삼켰다
피가 빠져나가는 혀는 수세미처럼 말라갔고
찢어지는 손바닥에 박힌 못은 조금씩
빠져나가는 몸무게를 느끼기 시작했다
성급한 창 끝이 마지막 죽음을 확인하려고
여기저기 찔러보는 사이에도
조금 남은 목숨은 살마다 뼈마다 끈질지게 붙어
손바닥의 아픔으로 발가락을 움직이게 하고
물기 없는 아랫도리에서 뜨거운 오줌을 만들었다

어지러운 아우성 속에서 어둡고 슬픈 눈들 사이에서
튼튼한 이빨들이 박혀 있는 웃음들 속에서
예수는 크고 순한 눈을 소처럼 들어
피를 모아 노려보는 눈초리들을 받아들였다
나의 하나님 아아 나의 하나님
어찌 감당하리이까 식어가는 살덩이 속에서
삼손처럼 소리지르며 일어날 것 같은 이 힘을

손가락 끝에서 끊임없이 불똥 튀기는 이 번갯불을
한 달간의 홍수를 저장하고 으르렁거리는 이 천둥 소리를
어찌 차가운 고깃덩이 속에 편히 잠재우나이까
거드름으로 더욱 살찐 웃음 소리 앞에서
실망으로 점점 무거워지는 눈동자들 앞에서
마지막 숨이 종이처럼 가볍고 푸른 몸을 흔들었다
엘리— 엘리— 라마 사박다니—
심장의 열기를 큰 소리로 모두 쏟아부은 후
가는 모가지는 해골 몇 근의 무게에 굴복하여
고개를 떨구었다 냄새 고약한 시체가 되어버린
다른 도둑들처럼

노　인

　노인은 조용히 앉아 산을 보고 있다. 잘 일구어진 흙 속으로, 검게 바랜 얼굴과 손으로 햇빛이 들어가고 있다. 단단한 것들의 흔적이 굳어 있는 주름살은 햇빛 속에 길고 편안하게 뻗어 있다. 볕이 태워도 그을 것이 없고 추위가 후벼도 갈라질 것이 없는 손등을 흙이 묻어나올 듯한 흰 모시적삼이 덮고 있다. 모시 흰 올 같은 머리카락이 적삼과 함께 부드럽게 휘날린다. 온통 지면을 흔들며 아스팔트를 깨는 착암기 소리, 확성기마다 쏟아져나오는 장사꾼들의 고함 소리, 자동차들의 따가운 경적들이 조용히 가라앉은 노인의 눈. 그 시선 끝에서 바람에 일어날 듯 앉은 먼 산자락.

　노인은 가끔씩 헛디디며 걷는다. 앞뒤로 끊임없이 지나가는 빠른 자동차들 사이, 잔걸음은 휘어진 소나무처럼 바람에만 흔들릴 뿐 아직도 그 자리에 서 있다. 거대한 빌딩 하나 노인의 굽어진 등 위로 솟아올라 하늘 한 면을 가리고 있다. 노인은 올려다보지 않고 천천히 걷는다. 빽빽한 소음 사이로 들려오는 낯익은 산바람을 헤아리고 있다. 노인이 걷는 동안에도 빌딩은 고속 엘리베이터를 타고 산꼭대기가 있던 자리를 뚫고 올라가고 있다. 가끔씩 헛디디며 노인은 쉬지 않고 걷는다. 속도 속에는 없는 무진장한 시간을 한없이 밟으며 좁은 산길을 향해 느릿느릿.

울음 많은 여자

 깨어보니 내 눈에는 꿈에 울던 눈물이 흐르고 있었습니다. 꿈이 덜 깬 눈에는 맑은 잠속이 그대로 들여다보였습니다. 병목처럼 투명하고 긴 목, 거기 진한 울음을 만들어내는 유방 같은 목젖, 그 아래 찰랑거리는 푸른 水面이.

 처음에 그녀는 우연히 즐겁게 웃었을 것입니다. 여편네들 음탕한 수다에 체면불구하고 킬킬거렸을지도 모를 일입니다. 너무 혼을 빼고 웃는 바람에 잠시 호흡이 엇갈려 딸꾹질을 시작했을 것이고 그 불규칙한 호흡 사이 빈틈을 뚫고 천년 여인들이 참아온 울음은 순식간에 목젖을 넘고야 말았을 것입니다.

 목젖까지 차오른 저 많은 강물을 조금씩 조금씩 삼키며 울어, 수천 년을 그렇게 숨죽여 울어, 이제 저 강물을 다 먹고 저렇게 잔잔해진 여자. 꿈속을 지나 목젖을 지나 차디찬 물이 끓는 폭포들 지나 바다로 돌아가는 푸른 등줄기.

 밤새 안개가 되고 구름이 된 울음이 마침내 아침 햇빛에 투명한 몸을 드러낸다면, 아아, 나는 그 빛 속에서 풀먹은 한복처럼 희고 가벼워진 한 여자를 보게 될 것입니다. 안개에 들려 떠가는 거대한 산들이 주위에서 일제히 학처럼 날개를 펴는 것을 차마 보고야 말 것입니다.

III

먼지에 대하여

走光性 하루살이떼처럼
한 줄기 햇빛 속으로 먼지들이 모여든다
어지럽게 빛을 뒤틀고 돌리며 날아다닌다
손짓 발짓 같은 움직임들이 끈질기게
내 주위에서 기웃거린다 미안하지만
그대들의 몸짓을 나는 알아들을 수 없다
누구의 살에서 떨어져나온 것인지
누구의 슬픈 편견들이 삭아 부서진 것인지
난 알지 못한다 눈물에서도 잉크에서도
묻어나오고 있지만, 말할 때마다 떨며
목소리에 섞여나오고 있지만

바람에 대하여

말라 비듬되어 흩어진 몸처럼
목소리조차도 먼지가 되어 쌓였다네
바람불 때마다 일어나 울며
먼지들은 다시 소리가 되려 한다네
바람이 알맞게 흩뜨려놓으면 또 쌓여서
사람들은 매일 털고 쓸고 닦아야만 한다네
숨쉴 때마다 허파 가득 들어오네
폐병으로 분해된 허파
뜨겁게 달아올랐다가 식어 부서진 입술과 성기
눈을 꿈벅거리다가 끝내 낡아 허물어진 공룡
두꺼비를 삼키고 꽃가루처럼 흩어진 뱀
형체가 되기 전에 말라버린 정액
가슴에 쌓여 기침이 되고
머리에 차올라 냄새가 된다네
어디서든 밟힌다네
가루되어 날아다니다 쌓인 무수한 무덤들
옷에서 이불에서 툭툭 털려나온다네
마음껏 웃고 울어보지 못한 채
가슴을 떠난 기쁨과 분노들
울음 소리 되어 아우성 되어
비를 몰고 오고 유리창을 두드리고

나무마다 허리 휘어 누르고
고목들 굵은 뿌리를 뽑아 쓰러뜨린다네
창문을 꼭꼭 닫고 대문을 굳게 걸어도
비누칠하고 문지르고 또 씻어내도
냄새로 흔적으로 밀려들어 온다네
웃음짓는 아리따운 얼굴과 개의 항문
원시인의 유방과 깡통에 든 분유
시궁창에서 숨쉬는 점액질과 햇빛 묻은 꽃향기
하나같이 희고 가벼운 먼지 되어 무차별하게 섞였다네
곱고 폭신하게 쌓였다네
흰 살결같이 누워 사막까지 뻗어가고 있다네
지평선 가득 뿌옇게 일어나서
눈으로 입으로 밥과 국으로 들어가 섞인다네
씹을 때마다 소리내고
삼키자마자 온몸에 퍼져 피와 살이 되려 한다네
찢어지는 천막과 부러지는 나뭇가지를 보면
오오 놀라워라
먼지의 이동이 가는 소리의 떨림이
저토록 힘이 셀 수 있단 말인가

병에 대하여

 말로 만들어 입 밖으로 꺼내지 못했던 생각들은, 술에 섞어 오줌으로 빼내지 못했던 생각들은, 뜨거운 덩어리가 되어 어디엔가 걸려 있다가 식으면 파삭파삭 가라앉는다. 발바닥에 쌓인다. 쌓여 무릎으로 넓적다리로 올라온다. 욕을 하거나 소리를 지르거나 흔들어 춤을 만들어도 움직이지 않고 다만 두께만 더해간다. 어느 날 문득 무심코 받아먹은 말에 가슴이 찔렸을 때, 거울을 보고 튀어나온 기억에 머리를 다쳤을 때, 억지로 침을 삼켜 목구멍으로 올라오는 것을 눌러 막았을 때, 식은 몸은 더워지기 시작할 것이다. 먼지는 스스로 움직일 수 없지만 열기와 바람이 불어닥치면 일제히 일어나 그 힘에 붙어 방향 없는 속력이 될 것이다. 어지럽게 온몸 구석구석 날아다닐 것이다. 찬물을 끼얹고 독한 약을 뿌려도 속도붙은 먼지들을 붙잡지는 못할 것이다. 누우면 머리를 밀고 들어와 벼랑이 깊은 잠을 부르고 빙글빙글 도는 현란한 꿈을 만들 것이다. 흔들면 두개골 덜그럭 소리가 나는 두통을 만들 것이다. 전에도 몇 차례 있었던 일이므로 이런 일로 결근한다는 것은 생각하기 힘들 것이다. 얼굴이 붓는 약기운에 힘입어 여전히 웃는 얼굴로 사람들을 만나고, 딱딱거리는 말대꾸를 전화통 속으로 밀어넣고, 술도 몇 잔은 마실 수 있을 것이다. 내장 벽에 한동안 두드러기가 돋고, 수십 그릇의 흰밥이 식도를 거쳐 고스란히 항문으로 나오고, 뜨거운 오줌에

요도가 화상을 입은 후에야, 먼지는 아주 더디게 가라앉을 것이다. 더 큰 두께가 되어.

노래에 대하여

울음우는 바람을 들이마셨네
꿈틀거리는 먹이처럼 목구멍과 식도를 지나며
바람은 소리죽여 떨었네 떨림은 두껍고도 굵어
첨벙첨벙 가슴을 흔들며 떨어졌네
바람은 우물 같은 가슴속에 깊이 가라앉아
오랫동안 두근거리는 소리만 듣고 있다가
따스한 온기에 몸을 녹이다가 더러는 스며들어
눈물샘 뜨거운 물줄기를 더듬다가
원통형 어두운 저음이 되어 올라왔네

울음우는 바람을 불어 날렸네
지느러미 흔드는 육중한 소리가 되어
더 큰 바람을 끌고 다니는 노래가 되어
원통형 굵고 긴 몸뚱이는 꿈틀거리며 나왔네
떼지어 날아다니는 울음들 속에 내 노래도 섞이겠네
울음의 무게를 못 이기면 더러는 가라앉기도 하겠네
바람이 지나간 자리마다 쌓이겠네
손끝을 대면 비듬처럼 묻어나오겠네

씨앗 한 알

흐르고 만나고 모여서 고인 점 하나의 어둠
딱딱한 껍질이 둘러싸고 있다
흙과 모래 속에 섞이어 뒹굴다가
먼지와 바람 속에 섞이어 날리다가
코로 입으로 뱃속 따뜻한 곳으로 들어온다
작은 껍질 속에는 아직도 길을 모르는
핏줄이 있다 무슨 색이 될지 모르는
많은 어둠이 있다 잎이 될 빛과
꽃이 될 공기들이 꾸역꾸역 뭉쳐져 있다

머리카락 날리는 풀잎바람을 맞으며
내 몸은 즐거이 흙이 되리 하루종일 큰 입을 벌려
바람과 빛과 따뜻한 공기들을 마시리
뱃속에는 시끄러운 소리들이 교실처럼 가득하리
젖빠는 입처럼 달겨드는 간지러운 뿌리들을
가슴 가득 느끼리 가슴 넘치게 흰 젖을 만들어
가슴속 젖빛 어둠이 풀잎을 찾아
새벽 공기처럼 푸르게 변하는 것을 보리
어둠에서 걸러지고 걸러져나온 빛이
동그랗게 이슬을 쓰고 풀잎 위로 구르는 것을 보리

종이 한 장

펄럭이는 종이 한 장
아직도 바람 위에 놓여 있다
바람의 얇은 틈에 끼워져
바람 움직이는 대로 움직여준다
모난 돌덩이가 들어 있는 위장처럼
바람은 뒤흔든다 소리지른다
다윗의 돌처럼 바람의 이마에
종이는 편안하고 단단하게 박혀 있다
아아 이미 말한 말들 써버린 글들
잊어버리고 날려버린 생각들
날다가 구르다가 걸리리 밟히리
구겨지리 젖으리 찢어지리
조각이 되고 가루가 되리
태평양 흔드는 태풍 속까지
깊이 박혀 돌아다니리
돌아다니다 먼 시간도 만나
후세의 낯선 생각 속에 섞이리
한때는 흔적이라도 되겠지만
끝내는 없어지리 바람과 함께
속도가 되어 방향이 되어
또 다른 종이 한 장 날리리

겨울 아침에

저녁에 머리맡에 두었던 냉수가
오늘 아침 그릇을 붙들고 놓아주지 않는다
물과 물 사이 추울수록 단단하게 껴안는 힘이
그릇을 쥔 내 손까지 붙들려고 한다
놀란 손이 얼떨결에 뿌리쳐 내던졌으나
그릇에서 떨어지거나 깨어지기는커녕
오히려 투명한 강철의 울음 소리를 내고 있다

겨울산

여름 내내 지쳐 있었다
책더미들로 어지럽혀진 방안에서
둥근 배를 드러내고 깊이 잠들곤 했다
책에서 읽은 것들은 꿈 구석구석
벌레처럼 숨어 있다가
찾으려 하면 순식간에 흩어져버리곤 했다

잠자는 사이
겨울산에 눈이 내린다
모든 사람들이 여름으로 가버린 사이
홀로 산은 이 높은 곳에 와서
겨울 새벽에 사는 눈을 맞는다
꿈을 꾸는 내 눈은 온통 은빛이다
꽃도 새도 커다란 짐승도
책에서 나온 무수한 벌레들도
이 겨울엔 다만 씨앗으로 남아
산 구석구석 죽은 듯이 숨쉬고 있다

아랫목에서 살찌다가 지친 시간들은
그대로 여름에 둔 채
나는 애써 추위에 단련된 **뼈**를 웅크려 잠을 잔다

아 올 여름은 굉장한 폭설이다
나의 꿈은 대설주의보에 발 묶여
며칠째 깨어나지 못하고 있다

겨울밤

추위를 밀어내지 못하고
전등 주위에만 붙어 있는
동그랗고 딱한 전깃불
조여오는 전구의 모가지
전구 속에서 깨어지는 빛
갈라지는 공기의 틈새로
칼날같이 채워지는 바람
얇은 바람을 째는 가는 빛
빛을 보다가 베이는 두 눈
두 눈알을 움켜쥐는 어둠

겨울밤 2

넝마와 깨진 플라스틱, 썩은 음식마다
불꽃들은 튼튼하게 뿌리박고 피어 있네
귀찮았던 무게들이 이렇게 뜨거웠었구나
고약했던 냄새들이 이렇게 환했었구나
남김없이 불을 빼내고도 여전히 차가울 공기 속에서
불을 다 삼키고 나면 더욱 튼튼해질 어둠 속에서

바람 견디기

널자마자 얼어버린 빨래 하나
아직도 용을 쓰며 빨랫줄을 잡아당기고 있다

허공에 양팔을 묶인 가는 뼈
그 끊어진 듯 휘어진 선을
악착같이 붙들고 있는 야윈 살가죽

지리산 고사목

 지금 그 나무의 모든 가지는 갈비뼈 하얀 가지들처럼 바람부는 방향으로 일제히 휘어져 뻗은 채 굳어져 있습니다.

 그 나무의 낡은 뼈대에는 겨울마다 살점을 도려내던 추위가 남아 있습니다. 그 추위는 아직도 녹지 않은 채 뼛속 깊이 박혀 나무와 함께 죽어 있습니다. 나뭇가지의 뒤틀린 근육 속에는 거목을 척추처럼 휘어놓던 바람도 함께 죽어 있습니다. 그 바람은 집과 도시를 송두리째 날려보내던 힘, 그 상처 그대로 굳어져 나무와 함께 팔을 벌리고 있습니다.

 그 나무의 죽은 뿌리는 아직도 살아 있을 때와 똑같은 힘으로 땅을 움켜쥐고 있습니다. 하얀 뿌리의 손아귀 안에서 웅크리고 있는 빨간 흙은 갈비뼈 안에서 꿈틀거리는 심장처럼 여전히 가쁜 숨 쉬며 헐떡거리고 있습니다.

가을에

가지 끝에 매달려 있는 동안 생명은 얼마나 무거웠던가
부지런히 혈관을 부풀리며 물을 길어올리고
퍼내던 모든 수고는 이제 끝났구나
무거운 물기를 말리는 혈관마다
가을 바람이 지나가고 바람에 날린다는 것이
어둠이 오고 곧 추위가 닥쳐온다는 것이
이젠 어떤 무게도 되지 못하는구나
잠에도 더 이상 단내는 나지 않고
눈물에도 물기조차 남아 있지 않구나
썩을 것이 더 이상 남아 있지 않다는 것
불 속에서 태울 향기 외에는
아무런 냄새도 남아 있지 않다는 것
그것이 이렇게 거대한 자유일 줄은 몰랐구나
척추로 갈비뼈로 손가락 마디마디로
투명해지도록 바람은 쉼없이 지나가고
마지막 남은 무게인 형체도 이윽고 없어지면
하늘 푸르디푸른 한 부분이 되겠구나
별도 가리지 않고 바람도 막지 않고
무진장 하늘을 날아다닐 수 있겠구나
언젠가 다시 물기와 먼지가 그리워질 때까지는
여기저기 기웃거리다가 어느 따뜻한 자궁으로 들어가
다시 무엇이 되어 울며 꿈틀거리고 싶어질 때까지는

여름밤

어둠은 점, 점, 이, 온다
밝은 유리 하늘에 한 점 한 점씩
파리처럼 내려와 앉는다
까만 점들은 점점 촘촘해져서 이윽고
밤이 된다 콧구멍 목구멍까지 가득 메운
이 어둠을 팔을 휘저어 날리고 싶다
일제히 수천 수만의 파리떼들은 흩어지고
밝은 하늘이 나타나리라 그러나
어둠은 거미줄 같아 다만 팔에 휘감길 뿐
움직이지 않는다 너무 어두워서
눈을 떴는지 감았는지 알 수 없다
눈으로 입으로 겨드랑이와 사타구니로
어둠은 스며들어 가려움이 된다
소리만 남은 날새들이 긁는 소리를 타고 다니며
가려운 곳마다 앵앵거린다
어느 별이든 떠서 내가 눈을 뜨고 있다는 걸
알게 해다오 어느 바람이든 불어서
내가 쓰러지지 않았다는 걸 알게 해다오

여름바다

 낮은 곳 후미진 곳까지 남김없이 채우고 나서야 비로소 잔잔해진다. 꺼끌꺼끌하게 와 닿는 바위와 돌멩이들이 매끈매끈해질 때까지 그 오랜 날들을 나는 끊임없이 찰랑거려야만 한다.

 한적한 하오의 햇볕 아래 나는 하릴없이 누워 있다, 파리를 쫓는 게으른 소처럼 해변에서 깔깔거리는 여자들 흰 잔등을 작은 파도로 찰싹찰싹 밀어내며. 수면 아래로는 푸른 위장을 지나가는 수백만 마리 은빛 고기떼. 푸른 이두박근 삼두박근 사이 정교한 결을 따라 날렵하게 새어나오는 넙치떼와 가자미떼.

 고기들이 떼지어 이동하는 산란기가 가까워오면 나는 지구가 흔들리도록 거대한 몸을 뒤채이고 싶어지리라. 물 밖으로 나오기만 하면 생선처럼 펄떡펄떡 뛰는 굵은 파도를 해변 넘어 아스팔트 가득 쏟아내고 싶어지리라. 조금만 몸을 흔들어도 배를 삼키고 섬을 덮치며 일어날 것 같은 파도는 아직 잠에 빠져 있다. 잠속의 바다, 아아, 그 목구멍에 아직도 걸려 있는 착한 심청이만 아니었어도 흰 거품 게워내는 뜨거운 몸의 일부를 지구 밖으로 쏟아내고야 말았으리라.

지금, 한류와 난류가 뒤엉켜 도는 허리 어디쯤에서 나는 낮꿈을 꾸며 졸고 있다. 꿈틀거리는 내 꿈의 저편 끝에서 물보라를 일으키며 요동치다 잠기는 거대한 꼬리 하나. 며칠 후에 들이닥칠 천둥 소리의 떨림이, 순간, 전해온다. 비늘 몇 개만 보석처럼 반짝이며 떠가는 여름 하오.

여름밤 2

바늘구멍만큼 깨어난 잠이
모기 소리를 따라가네
모기 소리 바늘구멍보다 가늘어
보이지 않네 잡히지 않네

칭칭 꿈을 감아 공처럼 커진 잠
누에처럼 숨어 보이지 않는 잠
아직도 모기 소리 찾으러 나오네
감긴 실 따라 돌며돌며 나오네

蘭

겨울
한 장의 흰 종이
종이 속으로 붓을 넣어
난을 찾는 사람

선의 시작은
종이의 깊은 곳으로 한없이
뿌리를 내리고
선의 끝은
넉넉한 포물선의 둘레를
오래오래 생각하고 있다

추울수록 강하고
강할수록 부드럽다

無名山

새벽
기차에서 잠이 깨었습니다.
등에 털이 많은 산 하나가
옆에 와서 잠들어 있었습니다.
때론 안개에 지워져
시야에서 아주 없어져버리기도 했지만
산에 기댄 내 목덜미는 여전히 간지럽고
어깨는 묵직했습니다.

    포크레인에 깎인 옆구리가 유난히 붉어 보입니다. 포크레인처럼 크고 뻘건 입을 가진 사내들이 연신 킬킬거리고 있습니다. 순간, 산의 등허리, 웃음이 닿는 곳마다 수만 개의 창이 와 박힙니다. 햇빛에 섞인 활달한 언어들과 치석 냄새 섞인 웃음들이 갈비뼈처럼 드러난 수만 년의 지층을 함부로 건드리고 있습니다. 지층 한치 안에서는 거대한 창세기의 어둠이 웅크리고 있습니다. 한번도 햇빛이 건드린 적이 없는 최초의 상태 그대로입니다.

털 많은 짐승과 함께 아주 오래 잠들었다가 깨었습니다.
수만 개의 창을 울창한 숲으로 만들어놓고
산은 여전히 내 곁에서 잠들어 있습니다.

잠을 자면서 그 산은
수만 년의 지층에 고요히 머리를 묻고 있습니다.
잠을 자면서 그 산은
소리없이 창세기의 어둠을 마시고 있습니다.

봄, 서울

 무엇인가 벌레 같은 놈들이 가지마다 기어나오고 있었다. 곧 꽃이 될 저 애벌레들은 어디에서 온 것일까. 나무의 밑둥을 내려다보았다. 뿌리처럼 뻗은 여러 갈래의 도로가 나무 밑둥까지 몰려왔다가 빠른 속도로 다시 뻗어가고 있었다. 빠른 길의 속도를 따라가다가 문득 떼지어 길 위로 기어나온 또 다른 놈들을 보았다. 꽃이 되고 싶어 겨울 내내 나무를 찾아다니다가 나뭇가지를 잘못 찾아 두꺼운 아스팔트를 깨고 나온 힘세고 둔한 놈들을.

廢家에서

해묵은 어둠이 가라앉아 내 몸을 두껍게 덮고 있다.

밖에서 누군가가 문을 연다. 햇빛이 묻은 흰 손으로.

느릿느릿 무거운 먼지가 일어난다. 게으른 곡선을 타고

일제히 빛에 놀란 사물들이 흰나방처럼 흩어진다.

해 초

납작납작
가자미는 눌리고
울툭불툭
새우 눈알 튀어나오는
무거운 바닷속

물결과 물결 사이
얇은 틈에
넓게 허리 펴고 서서
떠오를 듯 떠오를 듯
하늘하늘

풍 경

아이들의 엉덩이가
올망졸망 모인
바위산

아이들의 눈으로
쳐다보지 않은 곳이 없는
우리 하늘

아이들의 발바닥으로
밟아보지 않은 흙이 없는
우리 땅

오늘은 추워
처마 밑 양지 쪽 쪼르라니
오줌 마려운 아이들

〈해 설〉

저울대 위의 말과 삶

김　　　훈

　넓어지기 위하여 얼마나 촘촘해져야 하는지, 얼마나 촘촘해져야 넓어질 수 있는지, 밝아지기 위하여 얼마나 깊은 어두움이 익어야 하는지, 얼마나 깊게 어두어져야 밝아지는 것인지, 새롭게 태어나기 위하여 얼마나 깊이 잠들어야 하는지, 얼마나 깊이 잠들어야 새롭게 태어날 수 있는 것인지, 김기택의 시들은 저러한 내밀한 사정들을 반성하거나 반추하고 있다. 김기택의 시 속에서 삶의 질감은 긴장되어 있다. 그의 시의 긴장은 팽팽하거나 혼곤하다. 삶은 그 반대편에서, 아니다, 내면에서 돋아나는 죽음·공포·불안, 모순된 욕망들 속으로 교직된다. 그의 시가 불안이나 멸망, 쓰러짐과 흩어짐으로부터 삶을 겨눌 때 그의 시의 긴장은 팽팽하고, 삶을 이끌고 그 쓰러짐이나 흩어짐 속으로 진압할 때 그의 시의 긴장은 혼곤하다. 김기택의 시 속에서 내가 좋아하는 아름다운 긴장은 그 팽팽함과 혼곤함이 포개지면서 섬세하고도 위태로운 균형을 이루는 순간들이다. 그때, 그 균형은 삶과 죽음 사이에서, 모순된 욕망들 사이에서 또는 소멸과 신생(新生) 사이에서 그 양쪽의 무게를 모두 감당하면서 아주 가늘게 떨린다. 진동의 폭이 점점 작아지면서 그 흔들리는 균형은 드디어 멎어버린다. 흔들림이 멎을 때 삶과 죽음, 소멸과 신생은 서로가 서로의 원인이며 결과이다. 그것들은 서로를 받쳐준다. 그것들은 적대하는 것들 속에서 씨앗을 틔워 자라나고, 적대하는 것들과 함께 피어난다. 그것들이 함께 피어날 때, 피어나 있을 때, 말은 적막하고 평화롭다. 적대하는 양극 사이에서의 적막과 평정의 질감은 팽팽하고, 그리고 혼곤하다. 저 시들의 깊은 곳에서 서로 부딪치고 빨아들이고 배척해내는 적대 관계들은 시의 거죽으로 떠올라 적막한 균형을 이룬다. 위태로운 마지막으로 말들은 작게 흔들리고 있다. 그 위태로운 마지막 흔들림 위에 삶은 실린다. 여리고 정밀하게 흔들리는 천평처럼 그 위태로운 마지막 흔들림이 한 쪽으로 기울어버릴 때, 말들은 소멸하고 삶은 그 기우는 쪽으로 함몰할 것이다. 김기택의 시 속에서 삶은 함몰되지 않기 위하여 이쪽과 저쪽 사이에서 가늘게 떨리고 말들은 소멸되지 않기 위하여 그 아슬아슬한 균형 위에 얹혀 있다. 김기택의 시 속에서 말들은, 그리고 이 세계 속에서의 삶은 위태로운 마지막이다.

'위태로운 마지막'이라고 쓰고 나니 내 책상 앞에 걸린 작은 대저울에 관하여 말하고 싶어진다. 그 대저울은 한약방을 경영하시던 내 할아버지의 물건이었다. 극약의 미세한 무게를 측정하는 눈금과 단위 속에서 생애를 마친 할아버지의 삶은 옹색하고도 정확했다. 학문과 권력으로부터 소외된 한 중인(中人)이었던 그는 처자식과 더불어 이 지상에 살아 남기 위하여 끝없이 자신의 테크놀러지를 세련시킬 수밖에 없었다. 할아버지의 저울대 위에서 미세한 간격으로 벌어지는 눈금들은 촘촘하고도 정밀하게 들어서 있다. 약재를 다른 약장수에게 팔 때 할아버지는 저울의 추를 이동시켜 약재의 무게를 측정했다. 그러나 아픈 사람에게 약을 지어줄 때 할아버지는 저울대 위에 추의 위치를 고정시키고 저울 쟁반 위에 담긴 약재의 양을 덜어내거나 더 올려놓았다. 나의 유년과 그의 말년의 며칠들이 겨우겨우 겹쳐져 있던 시절에, 저울대가 수평이 될 때까지 저울의 추를 조심스럽게 이동시키거나 쟁반 위의 무게를 가감시키는 할아버지의 손은, 수평을 향해 떨리면서 이윽고 적막으로 수렴되어가는 저울대의 흔들림처럼, 정밀하게 떨리고 있었다. 저승꽃이 봄날의 도원처럼 피어난 손으로 할아버지는 공깃돌만한 놋쇠의 추를 한칸씩 한칸씩 이동시켰다. 무게의 고통을 절규하며 치솟으려는 저울대를 아래로 끌어내리는 추의 힘과 추에 저항하는 쟁반의 하중이 정밀하게 맞설 때, 저울대는 그 양극의 하중을 모두 끌어안고 적막하였다. 그가 세상을 떠나고, 그 저울 한 대가 나에게 유증되었다. 내가 다시 자식을 낳아서 그 자식들에게 저울로 사물의 무게를 측정하는 방법을 가르칠 때 나는 사실 내가 가르칠 수 있는 것이 아무것도 없음을 깨달았다. 추는 추와 겨루는 사물로부터 멀어지면 멀어질수록 더 큰 사물과 길항할 수 있는 힘을 얻는다. 어째서 추는 자신이 겨루려는 것으로부터 멀어질수록 더욱 강력해지는가. 그리고 한 줄의 저울대 위에서, 어디까지가 추의 힘의 영역이며, 어디서부터가 쟁반 위에 실린 사물의 힘의 영역인가. 그 구획이 존재하지 않는 것이라면 한 줄의 저울대 위에서 추의 힘과 사물의 힘은 어떻게 서로 스미면서 적대(敵對)할 수가 있으며, 어떻게 서로 적대하면서 스밀 수가 있는 것이고, 그리고 그 종합으로써 고요할 수가 있는 것일까. 저 양극의 아우성들은 어떻게 한 줄의 저울대 위에서 적막한 수평을 이룰 수가 있는 것일까. 자식들과 함께 대저울을 가지고 놀면서 나는 다만 침묵하였다. 저울의 비밀에 관하여, 물리학은 나에게 아무것도 가르쳐주지 않았다. 저울대의 팽팽한 수평은 사람의 콧김만 닿아도 쉽게 무너졌고, 한 번의 수평은 오직 한 건의 길항만을 버팅겼을 뿐, 모든 길항은 늘 새로운 수평을 요구하고 있었다. '위태로운 마지막'으로 그 수평은 떨리면서 적막하였고, 그리고 무너졌다. 저울의 추가 저울대를 수평으로 내리누른 위치의 눈금이 사물의 무게였다. 대저울을 가지고 놀면서 나와 내 자식들은 말 못 하는 오랑우탄의 일가(一家)처럼 그 물건을 신기해했다. 언어는 아마도 그렇게 팽팽하고 고요하게 수평을 이룬 저울대의 눈금 속에서 발생하고 있을 것이었다. 수평을 이룬 저울의 눈금을 들여다보면서 나는 오랑우탄의 몽상에 잠겼다. 말들은 그 '위태로운 마지막' 위에서 태어나고, 그리고 그 위태로운 마지막과 더불어 소멸할 것이었다. 무게를 들어내니 저울은 삽시간에 뒤집혔다.

 김기택의 시들을 읽으면서 나는 저 '위태로운 마지막'의 수평 위에 올라앉은 말의 운명과 삶의 질감, 그리고 그 수평의 양극에서 길항하는 무게들, 또는 언어의 표면 위에서 이윽고 소멸해버리는 그 무게들의 비밀에 관해서 말하고 싶었다. 그러나 그것들은 과연 말하여질 수 있는 것일까.

'잠'든 김기택의 시들은 죽음과 신생, 정지와 동작, 또는 비워냄과 채움 사이를 버팅기면서 팽팽한 수평을 이룬다. 그 수평은 양극의 무게를 양쪽에 매달고, 평정으로 가기 위하여 시달려야 할 흔들림의 대가를 정확히 치르는 것이어서, 그 팽팽한 수평은 미세한 흔들림 위에서 부드러운 질감을 이룬다. 그 부드러움이 양극에 매달린 무게의 안쪽까지 스밀 때, 그 부드러움은 혼곤함이다.

> 불꽃이 끓는 고압은 날개와 날개 사이
> 균형을 이룬 중심에서 고요하고 맑은 잠이 된다
> 바람이 마음껏 드나드는 잠속에서 내려다보면
> 어둠과 바람은 울부짖는 한 마리 커다란 짐승일 뿐
> 그 위에서 하늘은 따뜻하고 환하고 넉넉하다
> 힘센 바람은 밤새도록 새를 흔들어대지만
> 푸른 공기는 어둠을 밀며 점점 커가고 있다
> ──「겨울새」부분

> 하루는 무덥고 시끄러운 정오의 길바닥에서
> 그 노인이 조용히 잠든 것을 보았다.
> 등에 커다란 알을 하나 품고
> 그 알 속으로 들어가
> 태아처럼 웅크리고 자고 있었다.
> 곧 껍질을 깨고 무엇이 나올 것 같아
> 철근 같은 등뼈가 부서지도록 기지개를 하면서
> 그것이 곧 일어날 것 같아
> 그 알이 유난히 크고 위태로워 보였다.
> [⋯⋯]

다음날부터 노인은 보이지 않았다. ──「꼽추」 부분

  그녀의 배 위에 귀를 대고 누우면 맑은 물 흐르는 소리가 난다 〔……〕 이 모든 소리들이 녹아 코가 되고 얼굴이 되려면 심장이 되고 가슴이 되려면 잠은 얼마나 깊어야 하는 것일까 잠의 힘찬 부력에 못 이겨 아기는 더 이상 숨지 못하고 탯줄이 끊어지도록 떠올라 물결따라 마냥 흔들리고 있다 고기를 잡을 줄 모르는 잎사귀 같은 손으로 부신 눈을 비비고 있다
──「태아의 잠 1」

이런 시행들 속에서, 언어의 저울대 양쪽에 매달려 있던 무게들은 얼마나 아름답게, 그리고 부드럽게 언어의 거죽에서 소멸되어 있는 것인가. 새는 고압선과 푸른 하늘 사이에서 "고요하고 맑게" 잠들어 있다. 바람이 잠속을 마음대로 드나든다는 구절을 보니, 새의 잠은 고압선 위에 물리적 구조물을 전혀 세우지 않는 빈 잠이다. 잠든 새는 바람에 흔들리지만, 잠든 새의 잠은 바람에 흔들리지 않는다. 바람은 잠속을 드나들 수는 있지만, 잠을 흔들 수는 없다. 잠은 빈 것이고, 잠은 물리적인 헛것이지만, 새가 흔들릴 때 잠은 새가 흔들린 자리에서 아주 재빠르게 세를 흔드는 것들과 균형을 이룬다. 잠의 "고요하고 맑은" 중심에서, 그 명증하고도 온끈한 중심부에서 "불꽃이 끓는" 고압선은 소멸한다. '고압'은 '잠'이 된다. 이러한 소멸에 대하여 무슨 첨언을 해야 옳은가. 아마도 무게의 저러한 소멸이 무게의 무화(無化)는 아닐 것이다. 저러한 소멸 속에서, 어떤 무게도 무화되거나, 제거되지는 않는다. 흔들리다가 '위태로운 마지막'에서 멈춘 말 위에 그 무게들은 여전히 실려 있다. 팽팽하고도 순한 그 말들은

그 위에 실려 있는 무게의 하중을 과시하지 않는다. 말들은 무게의 외형을 풀어헤쳐버리고 무게의 무거움만을 정밀하게 챙겨서 거느리고 있는데, 그 무거움은 말의 저 깊은 밑바닥에 추처럼 또는 저울 쟁반처럼 늘어져 있다. 무거움은 그 깊은 곳으로부터 말에 대하여 길항하는데, 말의 표면은 그 길항력을 끌어들이며 고요하다.

'꼽추' 노인이 죽을 때 꼽추의 '알'은 죽음의 진행 과정 속에서 부화한다. 꼽추의 '알' 속에는 '잠'과 '신생'이 분리되지 않은 채, 같은 운명 속에 풀어져 섞여 있다. 잠은 죽음의 무게와 신생의 힘을 함께 버팅긴다. 거지 노인이 죽을 때, 노인의 전존재는 꼽추의 '알' 속으로 들어가 있다. '알' 속에서 죽음과 신생은 교차하는데, 그 '알'의 부화는 신생이 죽음을 몰아내는 일방적인 과정이 아니라, 죽음의 진행 속에서 신생이 이루어지고, 새로 부화하는 신생이 밀려나가는 죽음을 챙겨서 거느리고 가는 과정이다. 그 과정은 음악의 선율처럼 앞선 순간들과 뒤따르는 순간들이 미분된 한 점 위에서 만나면서 '위태로운 마지막'을 이룬다. 그 '위태로운 마지막들'의 위태로운 지속이 삶이며 언어이다. 세계의 소음은 '알'의 잠속에서 잠들고, '알'이 기지개를 켜며 부활할 때, 이 세계의 땅바닥에 눌러붙은 견고한 구조물들은 무너질 듯이 위태롭다. '알'이 위태로울 때 세계도 위태로운 것이다. 노인은 그 위태로움 속에서 고요히 죽는다.

「태아의 잠」 속에서 잠은 이목구비나 심장이나 가슴이 아직 발생하지 않은 혼돈 속의 한 개체를 혼돈의 밑바닥으로 한없이 끌어내리는데, 그 끌어내리는 힘은 태아에게 생명의 형식과 기능을 부여하는 '부력'으로 작용한다. 잠은 빠져 죽을 듯이 혼곤하고, 그 혼곤의 끝에서 형식과 기능은 발생하고 있다. 잠이 혼돈과 형식의 양쪽 무게를 감당하면서 고요할 때, 이 지상에서 최초의 생명은 태어나는데, 그 생명은 "고기를 잡을 줄 모르는 잎사귀 같은 손으로 부신 눈을 비비고" 있다. 아마도, 그렇게 해서 태어나는 생명은, 그리고 모든 생명은 이 세계와 더불어 아무런 별 볼일이 없어야 옳으리라. 아무 별 볼일이 없을 때, 다만 세상을 눈부셔할 때, 생명은 아름답고 고요하고 힘차다.

김기택의 시 속에 나오는 짐승·동물 들은 그들의 내면을 흐르는 음험한 힘이 세계와 부딪치는 지점에서 다들 한바탕씩의 운명의 모습을 보여주고 있다. 그것들은 호랑이가 되었건 쥐가 되었건 모두 멸종 위기의 시간들을 디디고 있다. 그것들의 멸종 위기는 그것들의 내면에서 온다. 그것들은 "향기로운 쥐약이 붙어 있는 밥알들" 앞에서 "황홀하고 불안한 식욕"에 끄달리고 있거나 죽은 닭의 발처럼, 혼신의 힘으로 죽어서 잡히지 않는 허공 속에서 응고된 동작으로 고정되어 있다. 그것들의 운명 속에서는 생명이 음식이고, 살이 먹이다. 그것들의 운명 속에서는 빈 깡통/소리, 쥐약/밥알, 주림/비누 조각, 평화/정글, 빈 위장/눈의 광채, 먹이/살, 힘/죽음 같은 대립항들이 격렬하고도 고요하게 뒤섞이고 있다. 김기택의 시 속에서 그 운명들은 존재의 배후에 깊숙이 파묻혀 있으면서, 존재의 표면은 폭발이나 소멸, 또는 도괴 직전의 고요한 긴장으로 충전되어 있다. 그 '위태로운 마지막'으로 세상을 받아내고, 말과 삶이 그 '마지막' 위에 얹혀서 숨쉬고 있는 운명은 아무래도 생(生)의 신비인 것 같다.